# #3GUTEDINGEDESTAGES

_____
NAME

_____
ANSCHRIFT

_____
TELEFON

_____
EMAIL

Wenn du in düstere Zeiten abzurutschen drohst und die Tage nur aus schlechten Ereignissen zu bestehen scheinen, dann nimm dir an jedem Abend die Zeit, drei gute Dinge aufzuschreiben.

An manchen Tagen wirst du möglicherweise das Gefühl haben, dass dir gar nichts Positives einfällt. Und doch wirst du etwas finden - sei es auch noch so klein. Einfach, weil du dich damit be-schäftigst. Und an anderen Tagen sind es vielleicht vier oder fünf gute Dinge und du musst gar nicht überlegen.

So kann dir dieses Buch helfen, deine Welt mit anderen Augen zu sehen.

Wenn du es benutzt.

# Das hat mich heute happy gemacht:

_____

_____

_____

_____

_____

_____

_____

_____

_____

_____

# Das hat mir heute gefallen:

_____

_____

_____

_____

_____

_____

_____

_____

_____

# Daran hatte ich heute Freude:

_____

_____

_____

_____

_____

_____

_____

_____

_____

_____

_____

# Das fand ich heute gut:

_____

_____

_____

_____

_____

_____

_____

_____

_____

_____

# Das hat mich heute happy gemacht:

_____

_____

_____

_____

_____

_____

_____

_____

# Das hat mir heute gefallen:

_____

_____

_____

_____

_____

_____

_____

# Daran hatte ich heute Freude:

_____

_____

_____

_____

_____

_____

_____

_____

_____

_____

_____

# Das fand ich heute gut:

_____

_____

_____

_____

_____

_____

_____

_____

# Das hat mich heute happy gemacht:

_____
_____
_____
_____
_____
_____
_____
_____
_____

# Das hat mir heute gefallen:

_____
_____
_____
_____
_____
_____
_____
_____
_____

# Daran hatte ich heute Freude:

_____

_____

_____

_____

_____

_____

_____

_____

_____

_____

_____

# Das fand ich heute gut:

_____

_____

_____

_____

_____

_____

_____

_____

_____

# Das hat mich heute happy gemacht:

_____

_____

_____

_____

_____

_____

_____

_____

_____

# Das hat mir heute gefallen:

_____

_____

_____

_____

_____

_____

_____

_____

_____

# Daran hatte ich heute Freude:

_____

_____

_____

_____

_____

_____

_____

_____

_____

# Das fand ich heute gut:

_____

_____

_____

_____

_____

_____

_____

_____

# Das hat mich heute happy gemacht:

_____

_____

_____

_____

_____

_____

_____

_____

_____

# Das hat mir heute gefallen:

_____

_____

_____

_____

_____

_____

_____

_____

# Daran hatte ich heute Freude:

_____

_____

_____

_____

_____

_____

_____

_____

_____

_____

_____

# Das fand ich heute gut:

_____

_____

_____

_____

_____

_____

_____

_____

_____

## Das hat mich heute happy gemacht:

_____

_____

_____

_____

_____

_____

_____

_____

## Das hat mir heute gefallen:

_____

_____

_____

_____

_____

_____

_____

_____

# Daran hatte ich heute Freude:

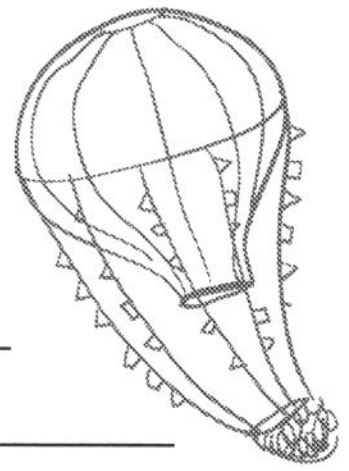

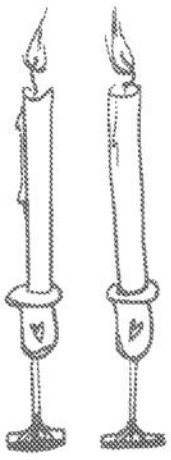

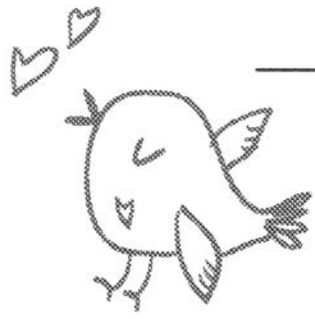

# Das fand ich heute gut:

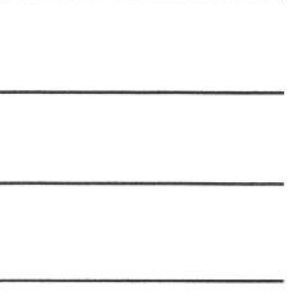

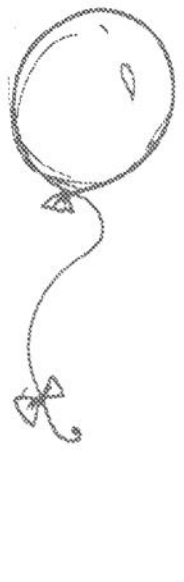

# Das hat mich heute happy gemacht:

_____

_____

_____

_____

_____

_____

_____

# Das hat mir heute gefallen:

_____

_____

_____

_____

_____

_____

_____

# Daran hatte ich heute Freude:

_____

_____

_____

_____

_____

_____

_____

_____

_____

_____

_____

# Das fand ich heute gut:

_____

_____

_____

_____

_____

_____

_____

_____

_____

# Das hat mich heute happy gemacht:

_____

_____

_____

_____

_____

_____

_____

_____

_____

_____

# Das hat mir heute gefallen:

_____

_____

_____

_____

_____

_____

_____

_____

_____

_____

_____

# Daran hatte ich heute Freude:

_____

_____

_____

_____

_____

_____

_____

_____

_____

_____

# Das fand ich heute gut:

_____

_____

_____

_____

_____

_____

_____

_____

_____

_____

# Das hat mich heute happy gemacht:

_____

_____

_____

_____

_____

_____

_____

_____

_____

_____

# Das hat mir heute gefallen:

_____

_____

_____

_____

_____

_____

_____

_____

_____

_____

# Daran hatte ich heute Freude:

_____

_____

_____

_____

_____

_____

_____

_____

_____

_____

_____

# Das fand ich heute gut:

_____

_____

_____

_____

_____

_____

_____

_____

_____

# Das hat mich heute happy gemacht:

_____

_____

_____

_____

_____

_____

_____

_____

_____

_____

# Das hat mir heute gefallen:

_____

_____

_____

_____

_____

_____

_____

_____

_____

_____

# Daran hatte ich heute Freude:

_____

_____

_____

_____

_____

_____

_____

_____

_____

_____

_____

# Das fand ich heute gut:

_____

_____

_____

_____

_____

_____

_____

_____

# Das hat mich heute happy gemacht:

_____

_____

_____

_____

_____

_____

_____

_____

_____

# Das hat mir heute gefallen:

_____

_____

_____

_____

_____

_____

_____

_____

_____

# Daran hatte ich heute Freude:

_____

_____

_____

_____

_____

_____

_____

_____

_____

_____

_____

# Das fand ich heute gut:

_____

_____

_____

_____

_____

_____

_____

_____

# Das hat mich heute happy gemacht:

_____

_____

_____

_____

_____

_____

_____

_____

_____

# Das hat mir heute gefallen:

_____

_____

_____

_____

_____

_____

_____

_____

_____

# Daran hatte ich heute Freude:

_____

_____

_____

_____

_____

_____

_____

_____

_____

_____

_____

# Das fand ich heute gut:

_____

_____

_____

_____

_____

_____

_____

_____

_____

# Das hat mich heute happy gemacht:

_____

_____

_____

_____

_____

_____

_____

_____

_____

_____

# Das hat mir heute gefallen:

_____

_____

_____

_____

_____

_____

_____

_____

_____

_____

# Daran hatte ich heute Freude:

_____

_____

_____

_____

_____

_____

_____

_____

_____

_____

_____

# Das fand ich heute gut:

_____

_____

_____

_____

_____

_____

_____

_____

_____

# Das hat mich heute happy gemacht:

_____

_____

_____

_____

_____

_____

_____

_____

# Das hat mir heute gefallen:

_____

_____

_____

_____

_____

_____

_____

_____

# Daran hatte ich heute Freude:

_____

_____

_____

_____

_____

_____

_____

_____

_____

_____

_____

# Das fand ich heute gut:

_____

_____

_____

_____

_____

_____

_____

_____

_____

# Das hat mich heute happy gemacht:

_____
_____

_____
_____
_____
_____
_____
_____

_____

_____

# Das hat mir heute gefallen:

_____

_____
_____
_____
_____
_____
_____

_____

_____

_____

# Daran hatte ich heute Freude:

_____

_____

_____

_____

_____

_____

_____

_____

_____

_____

# Das fand ich heute gut:

_____

_____

_____

_____

_____

_____

_____

_____

# Das hat mich heute happy gemacht:

_____

_____

_____

_____

_____

_____

_____

_____

_____

# Das hat mir heute gefallen:

_____

_____

_____

_____

_____

_____

_____

_____

_____

_____

# Daran hatte ich heute Freude:

_____

_____

_____

_____

_____

_____

_____

_____

_____

_____

# Das fand ich heute gut:

_____

_____

_____

_____

_____

_____

_____

_____

# Das hat mich heute happy gemacht:

_____

_____

_____

_____

_____

_____

_____

_____

_____

# Das hat mir heute gefallen:

_____

_____

_____

_____

_____

_____

_____

_____

_____

# Daran hatte ich heute Freude:

_____

_____

_____

_____

_____

_____

_____

_____

_____

_____

_____

## Das fand ich heute gut:

_____

_____

_____

_____

_____

_____

_____

_____

# Das hat mich heute happy gemacht:

_____

_____

_____

_____

_____

_____

_____

_____

# Das hat mir heute gefallen:

_____

_____

_____

_____

_____

_____

_____

_____

# Daran hatte ich heute Freude:

_____

_____

_____

_____

_____

_____

_____

_____

_____

_____

# Das fand ich heute gut:

_____

_____

_____

_____

_____

_____

_____

_____

# Das hat mich heute happy gemacht:

_____

_____

_____

_____

_____

_____

_____

_____

_____

# Das hat mir heute gefallen:

_____

_____

_____

_____

_____

_____

_____

_____

_____

# Daran hatte ich heute Freude:

_____

_____

_____

_____

_____

_____

_____

_____

_____

_____

_____

# Das fand ich heute gut:

_____

_____

_____

_____

_____

_____

_____

_____

# Das hat mich heute happy gemacht:

_____

_____

_____

_____

_____

_____

_____

_____

_____

# Das hat mir heute gefallen:

_____

_____

_____

_____

_____

_____

_____

_____

# Daran hatte ich heute Freude:

_____

_____

_____

_____

_____

_____

_____

_____

_____

_____

_____

# Das fand ich heute gut:

_____

_____

_____

_____

_____

_____

_____

_____

_____

_____

# Das hat mich heute happy gemacht:

_____

_____

_____

_____

_____

_____

_____

_____

# Das hat mir heute gefallen:

_____

_____

_____

_____

_____

_____

_____

_____

# Daran hatte ich heute Freude:

_____

_____

_____

_____

_____

_____

_____

_____

_____

_____

# Das fand ich heute gut:

_____

_____

_____

_____

_____

_____

_____

_____

_____

# Das hat mich heute happy gemacht:

_____

_____

_____

_____

_____

_____

_____

_____

# Das hat mir heute gefallen:

_____

_____

_____

_____

_____

_____

_____

_____

# Daran hatte ich heute Freude:

_____

_____

_____

_____

_____

_____

_____

_____

_____

_____

_____

_____

# Das fand ich heute gut:

_____

_____

_____

_____

_____

_____

_____

_____

_____

_____

## Das hat mich heute happy gemacht:

_____

_____

_____

_____

_____

_____

_____

_____

_____

_____

## Das hat mir heute gefallen:

_____

_____

_____

_____

_____

_____

_____

_____

_____

_____

# Daran hatte ich heute Freude:

_____

_____

_____

_____

_____

_____

_____

_____

_____

_____

_____

# Das fand ich heute gut:

_____

_____

_____

_____

_____

_____

_____

_____

_____

# Das hat mich heute happy gemacht:

_____

_____

_____

_____

_____

_____

_____

_____

_____

# Das hat mir heute gefallen:

_____

_____

_____

_____

_____

_____

_____

_____

# Daran hatte ich heute Freude:

_____

_____

_____

_____

_____

_____

_____

_____

_____

_____

_____

# Das fand ich heute gut:

_____

_____

_____

_____

_____

_____

_____

_____

# Das hat mich heute happy gemacht:

_____

_____

_____

_____

_____

_____

_____

_____

_____

# Das hat mir heute gefallen:

_____

_____

_____

_____

_____

_____

_____

_____

_____

_____

# Daran hatte ich heute Freude:

_____

_____

_____

_____

_____

_____

_____

_____

_____

_____

# Das fand ich heute gut:

_____

_____

_____

_____

_____

_____

_____

_____

# Das hat mich heute happy gemacht:

_____

_____

_____

_____

_____

_____

_____

_____

_____

# Das hat mir heute gefallen:

_____

_____

_____

_____

_____

_____

_____

_____

# Daran hatte ich heute Freude:

_____

_____

_____

_____

_____

_____

_____

_____

_____

_____

_____

# Das fand ich heute gut:

_____

_____

_____

_____

_____

_____

_____

_____

_____

# Das hat mich heute happy gemacht:

_____

_____

_____

_____

_____

_____

_____

_____

_____

# Das hat mir heute gefallen:

_____

_____

_____

_____

_____

_____

_____

_____

_____

# Daran hatte ich heute Freude:

_____

_____

_____

_____

_____

_____

_____

_____

_____

_____

# Das fand ich heute gut:

_____

_____

_____

_____

_____

_____

_____

_____

# Das hat mich heute happy gemacht:

_____

_____

_____

_____

_____

_____

_____

_____

_____

_____

# Das hat mir heute gefallen:

_____

_____

_____

_____

_____

_____

_____

_____

_____

_____

# Daran hatte ich heute Freude:

_____

_____

_____

_____

_____

_____

_____

_____

_____

_____

_____

# Das fand ich heute gut:

_____

_____

_____

_____

_____

_____

_____

_____

_____

# Das hat mich heute happy gemacht:

_____

_____

_____

_____

_____

_____

_____

_____

# Das hat mir heute gefallen:

_____

_____

_____

_____

_____

_____

_____

_____

# Daran hatte ich heute Freude:

_____

_____

_____

_____

_____

_____

_____

_____

_____

# Das fand ich heute gut:

_____

_____

_____

_____

_____

_____

_____

_____

# Das hat mich heute happy gemacht:

_____

_____

_____

_____

_____

_____

_____

_____

_____

# Das hat mir heute gefallen:

_____

_____

_____

_____

_____

_____

_____

_____

# Daran hatte ich heute Freude:

_____

_____

_____

_____

_____

_____

_____

_____

_____

_____

_____

# Das fand ich heute gut:

_____

_____

_____

_____

_____

_____

_____

_____

_____

# Das hat mich heute happy gemacht:

_____

_____

_____

_____

_____

_____

_____

_____

# Das hat mir heute gefallen:

_____

_____

_____

_____

_____

_____

_____

_____

# Daran hatte ich heute Freude:

_____

_____

_____

_____

_____

_____

_____

_____

_____

_____

# Das fand ich heute gut:

_____

_____

_____

_____

_____

_____

_____

_____

_____

_____

# Das hat mich heute happy gemacht:

_____

_____

_____

_____

_____

_____

_____

_____

_____

# Das hat mir heute gefallen:

_____

_____

_____

_____

_____

_____

_____

_____

_____

# Daran hatte ich heute Freude:

_____

_____

_____

_____

_____

_____

_____

_____

_____

_____

_____

# Das fand ich heute gut:

_____

_____

_____

_____

_____

_____

_____

_____

_____

# Das hat mich heute happy gemacht:

_____

_____

_____

_____

_____

_____

_____

_____

_____

# Das hat mir heute gefallen:

_____

_____

_____

_____

_____

_____

_____

_____

_____

_____

# Daran hatte ich heute Freude:

_____

_____

_____

_____

_____

_____

_____

_____

# Das fand ich heute gut:

_____

_____

_____

_____

_____

_____

_____

_____

# Das hat mich heute happy gemacht:

_____

_____

_____

_____

_____

_____

_____

_____

_____

_____

# Das hat mir heute gefallen:

_____

_____

_____

_____

_____

_____

_____

_____

_____

_____

_____

# Daran hatte ich heute Freude:

_____

_____

_____

_____

_____

_____

_____

_____

_____

_____

_____

# Das fand ich heute gut:

_____

_____

_____

_____

_____

_____

_____

_____

_____

_____

# Das hat mich heute happy gemacht:

_____

_____

_____

_____

_____

_____

_____

_____

_____

# Das hat mir heute gefallen:

_____

_____

_____

_____

_____

_____

_____

_____

_____

_____

# Daran hatte ich heute Freude:

_____

_____

_____

_____

_____

_____

_____

_____

_____

_____

_____

# Das fand ich heute gut:

_____

_____

_____

_____

_____

_____

_____

_____

_____

# Das hat mich heute happy gemacht:

_____

_____

_____

_____

_____

_____

_____

_____

_____

# Das hat mir heute gefallen:

_____

_____

_____

_____

_____

_____

_____

_____

_____

# Daran hatte ich heute Freude:

_____

_____

_____

_____

_____

_____

_____

_____

_____

_____

_____

# Das fand ich heute gut:

_____

_____

_____

_____

_____

_____

_____

_____

_____

# Das hat mich heute happy gemacht:

_____

_____

_____

_____

_____

_____

_____

_____

# Das hat mir heute gefallen:

_____

_____

_____

_____

_____

_____

_____

_____

# Daran hatte ich heute Freude:

_____

_____

_____

_____

_____

_____

_____

_____

_____

# Das fand ich heute gut:

_____

_____

_____

_____

_____

_____

_____

_____

# Das hat mich heute happy gemacht:

_____

_____

_____

_____

_____

_____

_____

_____

_____

# Das hat mir heute gefallen:

_____

_____

_____

_____

_____

_____

_____

_____

_____

# Daran hatte ich heute Freude:

_____

_____

_____

_____

_____

_____

_____

_____

_____

_____

_____

# Das fand ich heute gut:

_____

_____

_____

_____

_____

_____

_____

_____

_____

# Das hat mich heute happy gemacht:

_____

_____

_____

_____

_____

_____

_____

_____

_____

# Das hat mir heute gefallen:

_____

_____

_____

_____

_____

_____

_____

_____

_____

# Daran hatte ich heute Freude:

_____

_____

_____

_____

_____

_____

_____

_____

_____

_____

_____

# Das fand ich heute gut:

_____

_____

_____

_____

_____

_____

_____

_____

_____

_____

# Das hat mich heute happy gemacht:

_____

_____

_____

_____

_____

_____

_____

_____

_____

# Das hat mir heute gefallen:

_____

_____

_____

_____

_____

_____

_____

_____

_____

# Daran hatte ich heute Freude:

_____

_____

_____

_____

_____

_____

_____

_____

_____

# Das fand ich heute gut:

_____

_____

_____

_____

_____

_____

_____

_____

# Das hat mich heute happy gemacht:

_____

_____

_____

_____

_____

_____

_____

_____

_____

_____

# Das hat mir heute gefallen:

_____

_____

_____

_____

_____

_____

_____

_____

_____

_____

# Daran hatte ich heute Freude:

_____

_____

_____

_____

_____

_____

_____

_____

_____

_____

# Das fand ich heute gut:

_____

_____

_____

_____

_____

_____

_____

_____

# Das hat mich heute happy gemacht:

_____

_____

_____

_____

_____

_____

_____

_____

_____

# Das hat mir heute gefallen:

_____

_____

_____

_____

_____

_____

_____

_____

_____

# Daran hatte ich heute Freude:

_____

_____

_____

_____

_____

_____

_____

_____

_____

_____

# Das fand ich heute gut:

_____

_____

_____

_____

_____

_____

_____

_____

# Das hat mich heute happy gemacht:

_____

_____

_____

_____

_____

_____

_____

_____

_____

# Das hat mir heute gefallen:

_____

_____

_____

_____

_____

_____

_____

_____

_____

# Daran hatte ich heute Freude:

_____

_____

_____

_____

_____

_____

_____

_____

_____

# Das fand ich heute gut:

_____

_____

_____

_____

_____

_____

_____

# Das hat mich heute happy gemacht:

_____

_____

_____

_____

_____

_____

_____

_____

_____

_____

# Das hat mir heute gefallen:

_____

_____

_____

_____

_____

_____

_____

_____

_____

_____

# Daran hatte ich heute Freude:

_____

_____

_____

_____

_____

_____

_____

_____

_____

_____

# Das fand ich heute gut:

_____

_____

_____

_____

_____

_____

_____

_____

_____

# Das hat mich heute happy gemacht:

_____
_____
_____
_____
_____
_____
_____
_____
_____

# Das hat mir heute gefallen:

_____
_____
_____
_____
_____
_____
_____
_____
_____

# Daran hatte ich heute Freude:

_____

_____

_____

_____

_____

_____

_____

_____

_____

_____

# Das fand ich heute gut:

_____

_____

_____

_____

_____

_____

_____

# Das hat mich heute happy gemacht:

_____

_____

_____

_____

_____

_____

_____

_____

_____

# Das hat mir heute gefallen:

_____

_____

_____

_____

_____

_____

_____

_____

_____

# Daran hatte ich heute Freude:

_____

_____

_____

_____

_____

_____

_____

_____

_____

_____

# Das fand ich heute gut:

_____

_____

_____

_____

_____

_____

_____

_____

_____

# Das hat mich heute happy gemacht:

_____

_____

_____

_____

_____

_____

_____

_____

_____

_____

# Das hat mir heute gefallen:

_____

_____

_____

_____

_____

_____

_____

_____

_____

_____

# Daran hatte ich heute Freude:

_____

_____

_____

_____

_____

_____

_____

_____

_____

_____

_____

# Das fand ich heute gut:

_____

_____

_____

_____

_____

_____

_____

_____

_____

# Das hat mich heute happy gemacht:

_____

_____

_____

_____

_____

_____

_____

_____

_____

_____

# Das hat mir heute gefallen:

_____

_____

_____

_____

_____

_____

_____

_____

_____

# Daran hatte ich heute Freude:

_____

_____

_____

_____

_____

_____

_____

_____

_____

_____

# Das fand ich heute gut:

_____

_____

_____

_____

_____

_____

_____

_____

# Das hat mich heute happy gemacht:

_____

_____

_____

_____

_____

_____

_____

_____

_____

_____

_____

# Das hat mir heute gefallen:

_____

_____

_____

_____

_____

_____

_____

_____

_____

_____

# Daran hatte ich heute Freude:

_____

_____

_____

_____

_____

_____

_____

_____

_____

_____

_____

# Das fand ich heute gut:

_____

_____

_____

_____

_____

_____

_____

_____

# Das hat mich heute happy gemacht:

_____

_____

_____

_____

_____

_____

_____

_____

_____

# Das hat mir heute gefallen:

_____

_____

_____

_____

_____

_____

_____

_____

_____

# Daran hatte ich heute Freude:

_____

_____

_____

_____

_____

_____

_____

_____

_____

_____

# Das fand ich heute gut:

_____

_____

_____

_____

_____

_____

_____

_____

_____

# Das hat mich heute happy gemacht:

_____

_____

_____

_____

_____

_____

_____

_____

_____

_____

# Das hat mir heute gefallen:

_____

_____

_____

_____

_____

_____

_____

_____

_____

# Daran hatte ich heute Freude:

_____

_____

_____

_____

_____

_____

_____

_____

_____

_____

_____

# Das fand ich heute gut:

_____

_____

_____

_____

_____

_____

_____

_____

_____

# Das hat mich heute happy gemacht:

_____

_____

_____

_____

_____

_____

_____

_____

_____

_____

# Das hat mir heute gefallen:

_____

_____

_____

_____

_____

_____

_____

_____

_____

_____

# Daran hatte ich heute Freude:

_____

_____

_____

_____

_____

_____

_____

_____

_____

_____

# Das fand ich heute gut:

_____

_____

_____

_____

_____

_____

_____

_____

_____

# Das hat mich heute happy gemacht:

_____

_____

_____

_____

_____

_____

_____

_____

_____

# Das hat mir heute gefallen:

_____

_____

_____

_____

_____

_____

_____

_____

_____

# Daran hatte ich heute Freude:

_____

_____

_____

_____

_____

_____

_____

_____

_____

_____

# Das fand ich heute gut:

_____

_____

_____

_____

_____

_____

_____

_____

_____

# Das hat mich heute happy gemacht:

_____

_____

_____

_____

_____

_____

_____

_____

_____

# Das hat mir heute gefallen:

_____

_____

_____

_____

_____

_____

_____

_____

_____

## Daran hatte ich heute Freude:

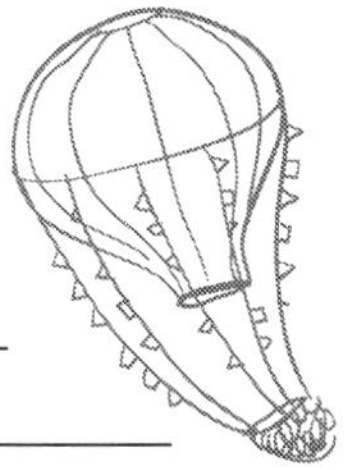

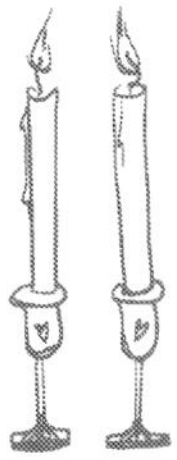

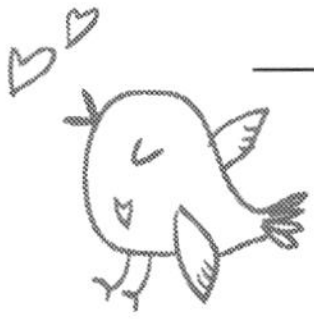

## Das fand ich heute gut:

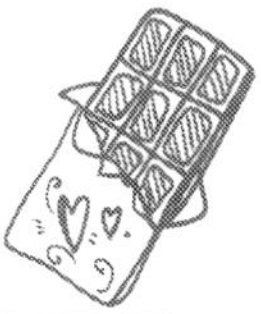

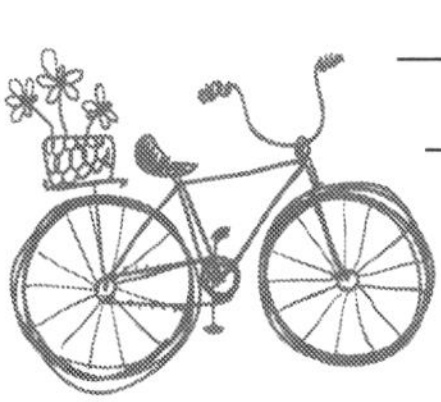

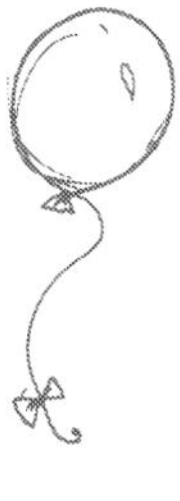

# Das hat mich heute happy gemacht:

_____

_____

_____

_____

_____

_____

_____

_____

# Das hat mir heute gefallen:

_____

_____

_____

_____

_____

_____

_____

_____

# Daran hatte ich heute Freude:

_____

_____

_____

_____

_____

_____

_____

_____

_____

_____

# Das fand ich heute gut:

_____

_____

_____

_____

_____

_____

_____

_____

_____

# Das hat mich heute happy gemacht:

_____

_____

_____

_____

_____

_____

_____

_____

_____

_____

# Das hat mir heute gefallen:

_____

_____

_____

_____

_____

_____

_____

_____

_____

# Daran hatte ich heute Freude:

_____

_____

_____

_____

_____

_____

_____

_____

_____

_____

# Das fand ich heute gut:

_____

_____

_____

_____

_____

_____

_____

_____

# Das hat mich heute happy gemacht:

_____

_____

_____

_____

_____

_____

_____

_____

_____

# Das hat mir heute gefallen:

_____

_____

_____

_____

_____

_____

_____

_____

_____

# Daran hatte ich heute Freude:

_____

_____

_____

_____

_____

_____

_____

_____

_____

_____

# Das fand ich heute gut:

_____

_____

_____

_____

_____

_____

_____

_____

_____

# Das hat mich heute happy gemacht:

_____
_____
_____
_____
_____
_____
_____
_____
_____
_____

# Das hat mir heute gefallen:

_____
_____
_____
_____
_____
_____
_____
_____
_____
_____

# Daran hatte ich heute Freude:

_____

_____

_____

_____

_____

_____

_____

_____

_____

_____

# Das fand ich heute gut:

_____

_____

_____

_____

_____

_____

_____

_____

# Das hat mich heute happy gemacht:

_____

_____

_____

_____

_____

_____

_____

_____

_____

# Das hat mir heute gefallen:

_____

_____

_____

_____

_____

_____

_____

_____

_____

# Daran hatte ich heute Freude:

_____

_____

_____

_____

_____

_____

_____

_____

     _____

     _____

     _____

# Das fand ich heute gut:

_____

_____

_____

_____

_____

     _____

     _____

     _____

34358187R00073

Printed in Poland
by Amazon Fulfillment
Poland Sp. z o.o., Wrocław